EXPLICANDO
Lo que la Biblia dice sobre el dinero

DAVID PAWSON

ANCHOR RECORDINGS

Copyright ©2018 David Pawson

EXPLICANDO
Lo que la Biblia dice sobre el dinero

EXPLAINING
What the Bible says about money

El derecho de David Pawson a ser identificado como el autor de esta obra ha sido afirmado por él de acuerdo con la
Ley de Copyright, Diseños y Patentes de 1988.

Traducido por Alejandro Field

Esta traducción internacional español se publica por primera vez
en Gran Bretaña en 2018 por
Anchor Recordings Ltd
DPTT, Synegis House, 21 Crockhamwell Road,
Woodley, Reading RG5 3LE

Ninguna parte de esta publicación podrá ser reproducida o transmitida de ninguna forma o por ningún medio, electrónico o mecánico, incluyendo fotocopia, grabación o ningún sistema de almacenamiento o recuperación de información, sin el permiso previo
por escrito del editor.

**Si desea más de las enseñanzas de David Pawson,
incluyendo DVD y CD, vaya a
www.davidpawson.com**

**PARA DESCARGAS GRATUITAS
www.davidpawson.org**

**Si desea más información, envíe un e-mail a
info@davidpawsonministry.com**

ISBN 978-1-911173-63-2

Este libro está basado en una charla. Al tener su origen en la palabra hablada, muchos lectores encontrarán que su estilo es algo diferente de mi estilo habitual de escritura. Es de esperar que esto no afecte la sustancia de la enseñanza bíblica que se encuentra aquí.

Como siempre, pido al lector que compare todo lo que digo o escribo con lo que está escrito en la Biblia y, si encuentra en cualquier punto un conflicto, que siempre confíe en la clara enseñanza de las escrituras.

David Pawson

EXPLICANDO
Lo que la Biblia dice sobre el dinero

Este libro es sobre un tema muy práctico que es de interés para todos los que trabajan en el mundo de los negocios y el comercio: el dinero. En realidad, Jesús dijo más acerca del dinero que acerca de la salvación, la oración, el cielo o cualquier cosa espiritual. Sabía que el dinero era una parte muy real de la vida de las personas. Por eso habló más del dinero que de cualquier otro tema.

El dinero es, en esencia, una comodidad. Por eso fue inventado. Previamente, las comunidades más pequeñas hacían sus intercambios mediante el trueque. Si una persona producía demasiada mantequilla, y otra persona producía demasiada carne, intercambiaban la mantequilla excedente por la carne excedente. Así estuvo organizado el mundo durante mucho tiempo.

El dinero fue inventado en la parte oriental de Turquía, que se llamaba entonces Asia. El rey que lo comenzó todo se llamaba Creso. Ha quedado en la historia como un hombre que terminó siendo muy rico. Cuando uno mira el lugar geográfico donde apareció por primera vez el dinero (sin darle una importancia excesiva), estaba justo al lado de donde Satanás tenía su sede en la tierra. Si usted va a Pérgamo, una ciudad en el este de Turquía, y sube una colina empinada arriba de la cual está la ciudad antigua y los teatros y bibliotecas de ese lugar, encontrará el sitio mismo del asiento de Satanás. Ya no está ahí. Ha sido llevado a Alemania, al museo de Pérgamo, en Berlín.

Debería ir a verlo. Es un templo increíble para el rey de

todos los dioses. Tiene la forma de un enorme sillón, con escaleras que suben a él. Es algo realmente impresionante. Cuando uno sube las escaleras, tiene columnas en los tres lados, como un gran sillón. En el medio había un altar donde mantenían un fuego encendido para Zeus, día y noche. La cima de esta colina está unos trescientos metros por encima de la ciudad actual, y puede ser vista desde varios kilómetros. Era ahí donde Satanás tenía su sede.

Satanás no puede estar en todas partes. Tiene agentes en todas partes, pero era ahí donde tenía su sede en los días del Nuevo Testamento. Cuando uno estudia las cartas a las siete iglesias de Apocalipsis, encuentra que Jesús habló a la iglesia de Pérgamo, y le dijo: "Sé dónde vives: allí donde Satanás tiene su trono". Al analizar las otras seis cartas, vemos que el carácter de esas iglesias estaba relacionado con la distancia geográfica desde la sede de Satanás. Es fascinante. Las dos iglesias más cercanas estaban ambas corrompidas por Satanás desde adentro. Las dos que seguían en distancia estaban sufriendo por su fe. Eran las únicas dos iglesias para las que Jesús no tenía críticas. Estaban sufriendo por la presión fuera de la iglesia.

De las dos iglesias más alejadas de la sede de Satanás, una había perdido su primer amor, y la otra se había enfriado. De modo que la situación de las iglesias estaba relacionada directamente con su distancia geográfica de la sede de Satanás. No creo que la sede de Satanás esté ahí ahora. Todo el templo fue quitado por un arqueólogo alemán y reconstruido en Berlín. Encontré a cristianos en Berlín que oraban para que fuera devuelto a los turcos, porque creían que había venido acompañado con alguna mala influencia sobre la ciudad. Llegó antes de las dos guerras mundiales, lo cual es interesante. Pero no le demos una importancia excesiva a esta interpretación. Solo me resulta interesante, y me gusta compartir con las personas las cosas interesantes.

El dinero, entonces, fue inventado aquí, justo al lado de la sede de Satanás. Si usted me pregunta dónde tiene su sede ahora, no lo sé. Pero estoy bastante seguro de que ya no está ahí. Era una zona crucial en los días del Nuevo Testamento, donde tuvo lugar la mayor batalla entre la iglesia y el mundo, entre ambas culturas. Si la batalla se perdía ahí, la iglesia se habría perdido. Creo que esa es la razón por la que Jesús escribió sus únicas cartas a las iglesias de esa zona específica, donde la cultura griega y romana se encontraba con los místicos de oriente. Estaba justo en el camino principal entre Roma y Persia. Era una zona crucial, donde todo se cruzaba: negocios, comercio, todo ocurría ahí. Cuanto más uno estudia la región, más verá cuán crucial era.

El dinero fue inventado en esa región, y es simplemente una comodidad. Llevar un montón de mantequilla en un bolsillo para intercambiarlo por un poco de carne no es demasiado cómodo. El mundo aprendió rápidamente que el comercio necesitaba algo más. Necesitaba dinero, que es más fácil de llevar y trasladar de un lado a otro, para que el intercambio y el comercio puedan producirse. El dinero es más fácil de acumular también. Cuando uno acumula bienes, la polilla y el óxido destruyen. Siempre hay descomposición en todo lo que es físico. Pero el dinero daba el poder de acumularlo, y me temo que también daba poder. El dinero es poder, como hemos aprendido por experiencia.

El dinero no habla con una voz real, pero dice mucho. Es absolutamente importante, para cristianos que manejan dinero, y los que manejan mucho dinero, que hable el idioma cristiano, algo que veremos en detalle. Alguien ha dicho: "Dame tus cuentas bancarias de los últimos años y te diré qué clase de cristiano eres". Es todo un reto. Probablemente sea la mejor prueba de nuestro amor de Jesús: cómo manejamos nuestro dinero, sea una cantidad grande o pequeña.

Muchas personas van a trabajar para conseguir dinero.

En mi librito sobre el tema del trabajo, señalé que es algo legítimo. Es bíblico ir a trabajar para ganar lo suficiente para uno mismo, sus dependientes y los pobres. Ese debería ser el deseo de todo cristiano. Como dije anteriormente, Jesús dice más acerca del dinero que sobre cualquier tema espiritual. Hay más sobre el dinero en el Nuevo Testamento que lo que a muchos cristianos les gustaría. Pero, antes de mirar lo que la Biblia dice acerca del dinero, consideremos el lugar que ocupa en la economía occidental. Hablé sobre este tema en Singapur, y lo incluyo en la economía occidental porque forma parte del mundo cultural de Occidente. Para ser sincero, no he estado en demasiados países que exhiban tanta riqueza como la que uno ve mientras camina por Singapur. Es obvio que hay bastante dinero ahí, y han gastado mucho en toda clase de cosas maravillosas para atraer a turistas que, a su vez, son uno de sus mayores ingresos, al ser un país pequeño con pocos recursos naturales. Me asombré por esto. Es un milagro económico cómo esta pequeña isla pudo producir la cultura que tiene.

En la economía "occidental" estamos en lo que llamamos una cultura "consumista". Somos muy conscientes de esto. Cada vez que uno enciende el televisor es alentado a hacerse rico, a gastar también, y a gastar rápidamente. Hay mucho exceso de comida y mucho exceso de bebida en la cultura occidental, pero nadie parece querer desalentar el exceso de tratar de conseguir cosas o de gastar cuando se trata del dinero. Nuestra cultura está orientada a alentarnos a gastar todos nuestros ingresos y más. La publicidad nos estimula a comprar cosas que no necesitamos, pero que deseamos. Uno de los secretos para controlar el dinero es distinguir entre lo que uno desea y lo que necesita. Volveré a este tema cuando vayamos a la enseñanza bíblica.

Se nos alienta a gastar el dinero rápidamente. La industria de la publicidad no es el lugar de trabajo más fácil para un cristiano, porque en su esencia es una manipulación del deseo humano, y es manejada muy astutamente para hacer que usted quiera más que lo que tiene. Es muy fácil quedar atrapado después de ver algunas publicidades en la televisión. Usted querrá hacer lo que lo alentaron a hacer. No mostrarían esos anuncios comerciales si no cambiaran los apetitos y hábitos de las personas. Las compañías pagan fortunas para hacer publicidad, precisamente porque saben que cambiarán los hábitos de las personas, e introducirán sus deseos en vez de sus necesidades en sus vidas.

Sabemos que las personas son manipuladas en tiendas, negocios y supermercados por el posicionamiento de las cosas, de modo que usted quiera comprarlas. Hay cosas extra que están justo antes que pase por la caja. Todo es una manipulación magistral de los clientes. Nos hemos acostumbrado a esto en el consumismo. Sabemos cómo vender cosas, cómo alentar las compras por impulso, de modo que uno sale de la tienda con más cosas que las que tenía pensado cuando entró. Es muy fácil quedar atrapado en la cultura consumista. Nos rodea por todos lados.

Muchas personas viven usando todos sus ingresos y más. Se nos alienta vez tras vez en una sociedad de créditos a gastar el dinero antes de tenerlo. Hay una trampa aquí, porque supone que los ingresos de las personas seguirán en el mismo nivel. Usted lo está suponiendo y, por lo tanto, supone que podrá pagarlo. Luego ocurren cosas más allá de nuestro control y no podemos devolver lo que hemos pedido prestado virtualmente con intereses usando una tarjeta de crédito.

La sociedad hoy está viviendo con deudas. Muchas personas lo están haciendo, y la sociedad en la que viven lo está haciendo. Vivo en un país que vive endeudado. Estamos pidiendo prestado a nuestros hijos y nietos sin su consentimiento cuando vivimos de la deuda nacional. Tendrá que ser devuelta por nuestros hijos, nietos y bisnietos. No parecemos tener ninguna conciencia acerca de pedir prestado sin el consentimiento de nuestros descendientes.

En Gran Bretaña nuestro gobierno está pidiendo prestado unas mil libras por cada persona en el país para mantener nuestro estilo de vida. Así que un cristiano en Gran Bretaña no puede evitar vivir endeudado. El país está pidiendo prestado para el mantenimiento de un estándar de vida al que nos hemos acostumbrado. Solo estoy intentando decir los hechos. La recesión golpea a todo el país. Por lo tanto, la economía se ha convertido en el principal factor en nuestras elecciones. En su expresión más sencilla, la gente quiere estar mejor todo el tiempo. Nos hemos habituado a un estándar de vida que ha aumentado constantemente a lo largo de los años y la gente, esencialmente, votará por un gobierno que continúe elevando ese estándar de vida.

Pero cuando la situación financiera estalla, como ocurrió unos años atrás, el país se ve tironeado de un lado a otro en la elección. Por un lado, las personas quieren que el estándar de vida aumente, pero por otro hay personas con el suficiente sentido como para votar por un gobierno que reduzca la deuda nacional. Creo que fue lo que realmente ocurrió en nuestra última elección. Si nuestro gobierno actual puede hacer lo que prometió, está por verse. Pero lo que ha ocurrido es que el estándar de vida de muchas personas ha descendido, y cuanto más desciende menos deseos tienen de votar a un gobierno que reduzca la deuda. Estamos tironeados ahora entre las dos motivaciones.

Detrás de todo esto está la "gran mentira". Tenemos que encararla de inmediato. La "gran mentira" es que "el secreto de la felicidad es el dinero". No es cierto. Pero todo lo que realmente queremos —libertad, seguridad, poder, respeto— exige dinero, de acuerdo con la "gran mentira". La "gran mentira" está detrás de la publicidad del juego. Dice: "Usted podría ser rico rápidamente sin ningún esfuerzo mayor que comprar este boleto". Dado que las personas anhelan seguridad, libertad, respeto y poder, son engañadas por la publicidad, que siempre se concentra en el ganador infrecuente y no entrevista a los muchos perdedores. Pero, como he explicado en otra parte, jugar por dinero es ganar a costa de la pérdida de otro.

Ahora bien, hay varios aspectos del dinero que quisiera ver a la luz de la enseñanza bíblica. Obtener dinero, tener dinero o mantener dinero, gastar dinero y dar. La Biblia tiene cosas que decir acerca de todas estas cosas. Es un libro muy completo cuando se trata del dinero. Ante todo, veamos el tema de *obtener* dinero. El principio básico de la obtención del dinero para los cristianos es ganarlo. Intercambiar bienes y servicios de igual valor al dinero recibido, eso es ganar algo. Obtener su dinero de quienes se beneficiarán de su trabajo o actividad. Ese es un deber básico del cristiano: ganar dinero, si tiene la capacidad para hacerlo.

El desempleo es un mal que debemos combatir. Hay demasiadas personas que podrían trabajar, pero no tienen la oportunidad de hacerlo. Es infrecuente que un país tenga más trabajos que personas. La mayoría de los países tienen más personas que trabajos ahora. Por lo tanto, ganar dinero se convierte en una verdadera dificultad para muchos. Es obvio que no debemos ganar dinero a costa de nuestro cuerpo, mente o espíritu. Si estamos dañando algunas de esas tres cosas, entonces Dios no lo aprueba. Además, si estamos empleados en un trabajo que daña el cuerpo, la mente o el espíritu de otras personas, deberíamos volver a pensarlo.

Por supuesto, el empleo en una ocupación inmoral o ilegal está descartado para un cristiano. El comercio de drogas ilegales y el comercio del sexo están descartados. ¿Y otros empleos ilegales? Un empleo que cumple con la ley está aceptado, pero un empleo que evade la ley está descartado. Me temo que hay bastante de esto. Muy claramente, Romanos capítulo 13 dice que debemos pagar nuestros impuestos. La evitación de impuestos y la evasión de impuestos son cosas diferentes. Pero la línea entre ambos es bastante delicada, y no demasiado clara.

Estuve recientemente en un país —no lo nombraré— donde un cristiano me compartió este problema. Estaba en un empleo con un sueldo promedio, pero en ese país la evasión de impuestos está por todos lados. Nadie hace su declaración de impuestos de manera honesta. Todos dibujan los impuestos, y es algo muy conocido. Es un juego con el gobierno. Casi todos evaden impuestos, así que el gobierno ha fijado el nivel del impuesto a la renta más alto del que debería ser, sabiendo perfectamente bien que el ciudadano promedio solo declara la mitad de sus ingresos. La necesidad del gobierno está ajustado a ese hecho. Si alguien es honesto y declara todos sus ingresos, el valor de los impuestos que pagaría será tal vez el doble de lo que debería ser. Un hombre cristiano en un empleo común bajo un salario común dijo: "Si soy honesto al completar mi declaración de impuestos no podría vivir de mi salario".

¡Qué dilema! Dije: "¿Por qué no podría vivir de su salario?".

Contestó: "Porque el impuesto a la renta está basado en quienes no declaran sus ingresos. Así que es mucho más alto de lo que debería ser, y el gobierno está muy satisfecho con eso. Saben que es más alto de lo que debería ser, porque no conocen los ingresos. ¿Qué debería hacer yo como cristiano?".

¿Qué aconsejaría hacer a esa persona? Me sentí terrible, pero le aconsejé que fuera honesto y confiara en Dios para el resto. Es algo fácil de decir, y sé que era difícil para él hacerlo. Dije: "Pienso que es la cosa cristiana que hay que hacer, y si cada cristiano en este país hiciera eso, tal vez el gobierno podría cambiar de idea sobre la forma de obtener el impuesto". Significaría que tendría que confiar en el Señor mucho más de lo que lo había hecho hasta entonces, porque una gran parte de sus ingresos legítimos se perderían. Pero la escritura dice claramente que uno debe pagar los impuestos. Lea Romanos 13 cuidadosamente. Uno tiene la obligación de orar por el gobierno, y eso, bajo la dictadura del emperador romano, era válido.

La gente dice: "Bueno, yo oro por los que he elegido y he puesto en su cargo". Pero allí se les pedía que oraran por los que no habían sido elegidos por la población. No eran personas que habían elegido. Ore por ellos y pague los impuestos. Los impuestos romanos eran bastante pesados. Sin embargo, se exhortaba a los cristianos que los pagaran de buena gana.

Hay otros trabajos que son ilegales. Creo que hay algún comercio de materias primas, y especialmente el comercio de dinero, que se acerca mucho al juego por dinero. Cumplen las condiciones para el juego que he dado en otras partes, y que repito aquí, porque son importantes. El juego por dinero es un intercambio de dinero sin un intercambio de bienes o servicios, por un lado. Segundo, se gana mediante la creación de un riesgo artificial e innecesario. Antes de entrar en esa situación financiera, uno no tenía el riesgo de perder. Tercero, siempre es ganar algo a costa de la pérdida de otro. Técnicamente, el juego por dinero solo ocurre donde estas tres cosas ocurren juntas. Pero conozco algunos trabajos donde se aplican estas tres cosas, y un cristiano no debería obtener su dinero de esa clase de trabajos.

Un seguro es para minimizar el riesgo, un riesgo que uno ya tiene, sea de incendio o de accidente. Está bien pagar un seguro para conducir un coche, porque uno ya está enfrentando un riesgo serio al hacerlo, y lo está minimizando al compartirlo con otros conductores. Eso no es jugar por dinero, si bien la gente a veces confunde ambas cosas.

Obtener dinero de inversiones no es inmoral ni ilegal. De hecho, Jesús aconsejó a alguien poner su dinero en un banco para obtener intereses. Esto ocurre simplemente cuando uno tiene dinero en exceso que permite que otras personas lo usen y se beneficien de lo que usted les ha dado con la inversión.

Pero la inversión puede pasar al juego por dinero, especialmente si uno entra y sale de las inversiones rápidamente, porque entonces está jugando con los mercados o "haciéndose una fortuna" (qué frase interesante). Las frases de ese tipo indican que uno debería pensar una segunda vez acerca de lo que está haciendo. El principio básico está claro: uno no debe vivir de la caridad, no debe vivir de otras personas, no debe mendigar. El "canibalismo" en el área financiera es vivir de otras personas, de una forma u otra. Uno debe trabajar para ganar dinero con la mano o la cabeza, y debe intercambiar algo de igual valor a su sueldo o salario.

Esto se aplica también al trabajo cristiano, los que trabajan para el Señor predicando, enseñando o evangelizando. La Biblia deja absolutamente en claro que están trabajando y merecen un sueldo. "Un obrero es digno de su salario", citando a Jesús. Pablo lo reiteró, y dijo que tenía libertad para no tomar dinero de quienes venían a Cristo a través de él, porque no quería darles la idea equivocada. Pero dijo: "Tengo derecho a un ingreso para mí y una esposa, si la tuviera". Fue un derecho que al que escogió renunciar.

No hay ninguna diferencia en el trabajo que hacemos. Por eso, con relación a los ancianos en una congregación cuyo trabajo es pesado y que trabajan en la predicación y la enseñanza (es decir predicar a los inconversos y enseñar a los conversos; esa es la diferencia), los ancianos que trabajan en ambos campos merecen un doble ¿qué? Su Biblia probablemente dice "honra". Pero la palabra es, en realidad, "honorario". Tienen derecho a un sueldo doble. Están trabajando el doble de duro en esas dos tareas. Luego, en Gálatas 6, Pablo dice: "Está bien, si están agradecidos por el ministerio espiritual, que recompensen materialmente a quienes se lo han dado". Eso ayudaría muchísimo a reducir esa idea de que algunas personas están en un trabajo espiritual y deben vivir por fe, y otras tienen ingresos por salarios o sueldos. Esto ha ayudado a dividir a las personas en trabajadores cristianos superespirituales y comunes. Estamos todos en la misma categoría cuando se trata del trabajo y el dinero.

La tentación en la sociedad moderna es la ganancia rápida. Ganar más dinero del que merece para poder jubilarse temprano, o para poder tener más dinero del que merece para gastar de otras formas. La oferta de dinero fácil es toda una trampa, toda una tentación. Si usted ve una oferta de interés muy alto que le permitiría duplicar su dinero en diez años y salir, es toda una tentación, pero es algo incorrecto. Una inversión con tasas de interés inusualmente altas debe ser vista con desconfianza. Usted tendrá que hacer un poco de investigación antes de tocarla.

Pasaré ahora a tener dinero, mantener dinero, acumular dinero en la cuenta bancaria. Hay mucho en los Evangelios acerca de los peligros de ser rico. Debo decir que no puedo ver el fundamento bíblico para lo que se llama el "evangelio de la salud y la riqueza", que dice que el Señor prometió que todo creyente sería siempre saludable y que quiere que cada creyente sea rico. Esa enseñanza está edificada sobre fundamentos escriturales muy inseguros, de unos textos de aquí y allá, interpretados de cierta forma. No es la enseñanza general de la Biblia.

Tome toda la Biblia, y especialmente el Nuevo Testamento. Hay una diferencia entre los dos Testamentos que es muy importante. Israel no tenía un entendimiento claro de lo que ocurría después de la muerte. Esto aparece de muchas formas. Lo que se les había revelado estaba relacionado todo con esta vida. En los Salmos encontrará frases como: "Los muertos no te alaban". Ellos creían que, después de morir, uno iba a un lugar sombrío llamado "Seol", donde dormía en el Señor. Su frase preferida para la muerte era "dormir". No tenían ningún concepto de una vida real más allá de la tumba. Así que tenían que aprender en esta vida las recompensas y los castigos, las bendiciones y las maldiciones. Dios los maldecía físicamente y los bendecía físicamente. Abraham era un hombre rico, igual que muchos otros. Aun así, los ricos encontraban grandes tentaciones. Salomón es un ejemplo clásico. No dominó el dinero que tuvo. Inmediatamente después de su muerte, todo el país se dividió en una guerra civil como resultado de los gastos y los impuestos que impuso, que estaban muy por encima de lo que tendrían que haber sido.

Pero en el Nuevo Testamento la vida y la inmortalidad han sido traídos a la luz, y la resurrección ha hecho una enorme diferencia. Todo el concepto de la vida después de la muerte, de lo cual solo hay indicios en el Antiguo Testamento, es ahora central en el Nuevo Testamento. Por lo tanto, las recompensas por vivir correctamente pueden ser puestas en la nueva vida, que es más real que la vida antes de la muerte. Esto ha significado todo un cambio entre el Antiguo y el Nuevo Testamento en términos de recompensas abundantes. Lo digo, y verifíquelo, que encontrará una enorme diferencia de dimensión aquí, entre los dos Testamentos.

Volvamos al tema de *mantener* el dinero. Cuando uno gana dinero de la manera correcta, la tentación es acumularlo y guardarlo. ¿Está mal eso? Hay más en los Evangelios contra ser rico de lo que nos gusta pensar. Es difícil ser rico. Es muy difícil para un hombre rico entrar en el reino. Pero me interesa saber si es difícil ser rico después de entrar en el reino. La respuesta parece ser que sí, que es muy difícil. Hay peligros en tener mucho dinero. Cristo mismo no lo tuvo. Era un hombre pobre, hablando relativamente. Otros le daban ofrendas, y Judas guardaba el dinero, como tesorero de los discípulos. Pero usted sabe lo que le ocurrió a Judas. Fue tentado a vender a Jesús por dinero. Treinta piezas de plata era el precio de un esclavo. Eso significaba que podría estar un paso arriba en la sociedad, como un dueño de esclavos. ¡Qué cosa asombrosa, que el tesorero de los discípulos quisiera querer tener más dinero que su Señor! Ahora, ha habido toda clase de teorías para excusar a Judas que han sido predicadas en todo el mundo, pero lo que aprendo en la Biblia es que empezó a amar el dinero. Creo que deberíamos tomarlo como la explicación final, la que da el Señor. Hay algunas teorías que dicen que estaba intentando poner a Jesús como rey, forzándolo a declararse públicamente y seguir adelante con la tarea más rápido. Hay toda clase de teorías. Pero la explicación de la Biblia es que el dinero fue demasiado para él. Se ha sabido de tesoreros de iglesias que hicieron lo mismo. Manejar mucho dinero no es fácil. Tiene sus propias tentaciones.

Hay muchísimas referencias en el Nuevo Testamento a favor de los pobres. En las bienaventuranzas de Mateo, Jesús dice: "Dichosos los pobres en espíritu". Pero la versión de Lucas de otro sermón que predicó Jesús dice: "Dichosos ustedes los pobres... pero ay de ustedes los ricos". Se refería no a los pobres de espíritu sino a los pobres en dinero y a los ricos en dinero. Cuando dijo "Ay", era una maldición. "Dichosos" es una bendición, pero "Ay" es una maldición. Debemos tener cuidado de no usar esa palabra. He escuchado a padres decir a sus hijos: "¡Ay de ti si no haces eso!". No se dan cuenta de que están maldiciendo a sus hijos. Tenemos que tener cuidado con lo que decimos.

Jesús bendijo y maldijo a personas. Por cada "dichoso" agregó un "ay" en la versión de Lucas del sermón que predicó. Este fue un sermón que fue predicado, no en un monte, sino abajo, en la llanura. De una forma muy terrestre dijo: "Dichosos son los pobres... ay de ustedes ricos". Hay suficiente en el Nuevo Testamento acerca del peligro de las riquezas y la bendición de la pobreza como para encarar a cualquier predicador del evangelio de la salud y la riqueza y hacer que vuelva a la Biblia para que mire con mayor cuidado lo que está ofreciendo a la gente. Porque la oferta de salud y riqueza es exactamente lo que el mundo quiere; van de la mano. No sirve de nada tener riqueza si no tiene salud. Uno no puede disfrutar de su riqueza si no tiene salud. Así que van juntas, y el mundo de la publicidad lo sabe, y apunta a ambas. Hay más publicidad de productos para la salud y venta de productos para la salud hoy que nunca antes en la historia humana. Somos estimulados a obtener riqueza y salud en una sociedad consumista. ¿Se unirá el evangelio para hacer esto? Creo que no debería hacerlo. Es infrecuente que una persona rica entre en el reino, pero no es imposible. Dios es el Dios de lo imposible, y ocurre. Pero ahora que alguien está en el reino y es rico, tiene sus propias tentaciones peculiares que tiene que enfrentar.

Veamos la progresión de cómo la riqueza puede destruir a una persona. Comienza por la ambición, una ambición de hacer más dinero, una ambición muy común. La ambición nace de las necesidades emocionales básicas y la creencia de que el dinero satisfará esas necesidades. Consideremos las tres necesidades básicas que tiene el hombre caído. Primero, necesita estar seguro. Ve el dinero como un camino a la seguridad. Según Jesús, es un necio, como en su enseñanza acerca de un hombre que dijo: "Derribaré mis graneros y construiré otros más grandes, y expandiré mi negocio". Jesús dice: "¡Eres un necio!". El hombre rico estaba completamente inseguro, pero estaba planeando como si fuera a vivir para siempre.

Supongo que esa es la tentación básica de todos nosotros:

pensar que viviremos aquí para siempre. Que esta es nuestra casa y, por lo tanto, cuanto más seguros estemos aquí, mejor. Esta necesidad emocional de seguridad significa que tenemos la ambición de ganar dinero. En realidad, el hecho es que cuanto más uno tiene, más tiempo y energía serán necesarios para mantenerlo. Cuanto más tenga, más temerá perderlo. Eso puede ser una gran preocupación. Es extraordinario, pero es lo que ocurre. Las personas que han ganado suficiente dinero como para sobrevivir el resto de su vida en comodidad quieren todavía más, quieren un negocio más grande, siguen queriendo más, aún tienen esta ambición. Cuanto más dinero tenga, más temor tendrá de cosas como la inflación, una caída o una recesión.

La segunda necesidad emocional que tienen los seres humanos caídos es ser estimados por otros, tener una reputación incorporada, de modo que los demás lo respeten. Es, en esencia, un complejo de inferioridad. Las personas preguntan: "¿Cuánto vale?", como si el valor de un ser humano es cuánto dinero ha acumulado. Todos tenemos una tendencia a esta falla, si no tenemos cuidado, aun en círculos cristianos. Por ese motivo Santiago, en el segundo capítulo de su carta, dice: "Si prestan más atención en una iglesia a una persona rica que a un pobre, está completamente mal a los ojos de Dios". Es una tentación en círculos cristianos.

Enseña: "Si un hombre rico entra en la asamblea y ustedes dicen: 'Ah, tenemos un asiento especial para usted. Siéntese aquí', y entra un pobre y le dicen: 'Puede pararse allá', es el mayor insulto que pueden hacer a alguien que ha sido hecho a la imagen de Dios".

Pero ahora, si viene un hombre rico a algunas iglesias le dicen inmediatamente: "¿Quisiera formar parte de nuestro plan de donaciones?". Ven un cliente potencial que valdrá más que algunos de los otros. Podrá reírse, pero ocurre en la iglesia. Santiago escribió en contra de eso. Uno está insultando a los pobres si presta más atención a los ricos en su iglesia. Ahora bien, a todos nos gusta ser estimados y que la gente piense bien de nosotros, y sentirnos bien como resultado. Los ricos pueden pensar: "Tengo que haber sido más diligente, más cuidadoso, más inteligente, así que soy superior". Ese es el peligro de tener dinero: cura un complejo de inferioridad con un complejo de superioridad, y uno sale de una cosa mala para entrar en otra. Tiende a despreciar a los que tienen menos éxito que usted, y tiende a tener una opinión más elevada de su propio éxito en comparación con los fracasos de los demás.

El otro deseo caído de nuestra naturaleza es ser poderosos y controlar a las personas. Uno gana dinero para tener ese poder. El dinero es poder. Poder para controlar a otros. Mucho dinero significa mucho control. Todo eso es el resultado de la ambición de hacer dinero, pero la ambición se desvanece pronto, y se convierte en una adicción. Si usted ha comenzado a vivir para ganar dinero, si ha caído en la ambición de ganar dinero, no pasará mucho tiempo antes que no pueda parar. Se habrá convertido en una droga. Ha pasado a ser una especie de adicción.

Había un hombre en Inglaterra que ganó dinero comprando y vendiendo ganado. Con el tiempo, el estrés y la presión del trabajo tuvo sus consecuencias, y tuvo un colapso. Fue a un médico, un médico privado especial (claro, tenía dinero) y el médico le dijo: "Tiene que alejarse del trabajo. Tiene que irse de vacaciones inmediatamente para tener un descanso completo". Decidió ir a un hotel muy famoso en el sudoeste de Inglaterra.

Cuando se registró en la recepción, dijo al hombre detrás del mostrador: "De paso, ¿no conoce a alguien aquí que tenga ganado para vender?". Se había convertido en un adicto. No podía evitarlo. Simplemente tenía que seguir ganando dinero, aunque tenía más para él y su familia que nadie más. Y aquí estaba, en su primer minuto de descanso, preguntando: "¿Hay alguien aquí que me pueda vender ganado?". Puede volverse una obsesión, una fuerza impulsora, y la persona seguirá después que haya hecho todo el dinero que necesita, porque no puede parar. Se ha vuelto una adicción, una cadena de hábitos. E invariablemente, esta clase de personas se exceden y van demasiado lejos, compran demasiados negocios, y las cosas comienzan a colapsar.

Hay dos opuestos en la Biblia que quiero mencionarle ahora. Uno está completamente prohibido por Dios en los Diez Mandamientos, que es la codicia: simple avaricia. Dios está completamente en contra de la avaricia, el querer más, querer cada vez más. Pura avaricia. El opuesto de ese vicio es la virtud del contentamiento. Por esa razón Pablo dice: "gran ganancia es la piedad acompañada de contentamiento". Ha sido traducido de diferentes formas, más suavemente en algunas traducciones, pero es lo que significa la palabra griega que usa. Lo pone en el lenguaje comercial correcto. El contentamiento surge de la gratitud. La codicia es avaricia, pero el contentamiento es gratitud.

Hay un texto famoso en Filipenses que dice: "Todo lo puedo en Cristo que me fortalece". Quiero que piense en algo que usted podría hacer a través de Cristo que lo fortalece, algo que no podría hacer sin él. Solo piense en algo que pueda hacer a través de Cristo que lo fortalece. Haga una pausa mientras piensa en algo.

Ahora, permítame hacerle una segunda pregunta: ¿Estaba pensando en dinero? Porque el texto habla del dinero. Habla de administrar sus ingresos. Este es el contexto del texto. Pablo está diciendo: "He aprendido a ser pobre y a ser rico. He aprendido a tener bajos ingresos y altos ingresos. He aprendido a estar contento, sea que tenga mucho o poco, porque puedo hacer todas las cosas a través de Cristo que me fortalece". ¡Qué texto para hoy, cuando luchamos por vivir con nuestros ingresos! Todos podemos hacerlo. *Contentamiento*. Pablo dice: "Si entra mucho dinero o entra poco, he aprendido a estar contento con lo que entra. Puedo manejarme con mis ingresos".

¿Qué piensa que es más fácil: ser pobre y estar contento o ser rico y estar contento? ¿Alguna vez lo pensó? En las personas que he conocido, he encontrado que es más difícil ser rico y estar contento. He encontrado más contentamiento entre los pobres. Cuando estuve en India me encontré con muchos que eran los más pobres entre los pobres, y parecían más felices que las personas ricas que conocí. Había contentamiento. Estaba asombrado. ¿Cómo puede uno estar contento así cuando pone a dormir a su bebé en la alcantarilla al costado de la calle? ¿Cómo puede estar contento? Y, sin embargo, hay más contentamiento entre los pobres. Es un hecho. Pablo enseña: "He aprendido a estar contento pase lo que pase. Si entra mucho dinero, puedo manejarlo. Si entra poco dinero, también puedo manejarlo, porque puedo hacer todas las cosas a través de Cristo que me fortalece. Ese es el significado del texto, y tiene que ver con el dinero. Por supuesto que puede ser aplicado a otras áreas, pero esa es a la que se aplica en la Biblia.

La ambición de hacer dinero se convierte en una adicción que uno no puede detener. La posición final es adoración. El dinero se convierte en su dios, y hay una palabra en la Biblia para ese dios. Es Mamón. Jesús dijo: "No puedes servir a Dios y a Mamón". Si el dinero se ha convertido en su dios, no puede servir a Dios. Es una imposibilidad total. Si es el dinero lo que usted adora y al que le entrega su vida, no podrá servir a Dios. Es una imposibilidad total, una incompatibilidad. Considere Éxodo 16:18. Es cuando los judíos vivían del maná, y hay un versículo en medio de todo eso: "Ni al que recogió mucho le sobraba, ni al que recogió poco le faltaba: cada uno recogió la cantidad necesaria".

¿No es un texto hermoso? Creo que en ese único versículo tenemos el ideal de Dios para la sociedad. Ambos están contentos y tienen lo suficiente. El viernes, por supuesto, todos juntaban una cantidad doble, porque el sábado no salían a recoger el maná. Dios les permitía recoger el doble el viernes, para que pudieran pasar el sábado. Dios proveía el doble el viernes. ¿No es interesante?

En los años en que la tierra debía seguir en barbecho, cada séptimo año, Dios les daba una cosecha abundante en el año sexto. Él honraba el año del barbecho dando descanso a la tierra, y les daba el doble el año antes. Dios estaba dando su aprobación a que la tierra tuviera un descanso de producir cosechas.

Bueno, hablamos de *obtener* y de *guardar* el dinero. ¿Y cómo gastarlo? Piense de nuevo en el texto que le di: "Todo lo puedo en Cristo..." Usted puede vivir con sus ingresos. Puede estar contento con mucho o con poco. Pero eso es algo que tiene que aprender. No es fácil. Uno aprende contentamiento, como lo hizo Pablo. Vivimos en una sociedad consumista que dice constantemente: "Vive con todos tus ingresos y más allá, y te ayudaremos a tener cosas que no puedes costearte". Una hipoteca no es una deuda. Usted ha pedido dinero prestado para comprar una casa y ha devuelto ese dinero con intereses. Eso no es una deuda. Solo se convierte en una deuda si no lo devuelve en el mes. La sociedad de crédito lo alienta a comprar ahora y pagar después. En Gran Bretaña podría ser para comprar muebles y no pagar nada durante un año, para cuando tal vez ya esté deteriorado. La gente se ve tentada a comprar sillones especiales para su sala de estar porque no tienen que pagar un centavo durante todo un año. Es una verdadera tentación.

O, si compra un coche sacando un préstamo, puede tenerlo a un interés de cero por ciento. Lo tienta a comprar un coche más grande del que puede costear. Esa es la influencia de la sociedad, y requiere una fuerte fe cristiana resistirlo. ¡Cómo gastamos nuestro dinero! Es algo que ha atrapado a demasiadas personas, aun cristianos. Fue lo que atrapó a personas en Texas, cristianos ricos. Conocí a muchos cristianos de Texas que ahora están quebrados. Lo que había ocurrido es que en años de abundancia había tomado cada vez más dinero para hacer cada vez más negocios, y luego, cuando los años de abundancia terminaron, hubo demasiadas caídas financieras entre hombres de negocios cristianos ahí. Estaban desesperados.

Es que si no tiene cuidado, uno saca una hipoteca para una casa que es en realidad más grande de lo que hubiera comprado. En los buenos tiempos, cuando los intereses son bajos y la tasa bancaria es baja, uno mira adelante y dice: "Puedo devolver ese dinero". Luego cambia el clima económico. Las tasas bancarias suben, los intereses suben, y esto ha dejado a muchas personas en Gran Bretaña en un verdadero pozo. Otros han quedado atrapados con una casa que ha perdido valor, y tienen casi una hipoteca negativa que pagar, que nunca pueden pagar. No pueden vender la casa ahora porque no vale lo que valía, y el interés de la hipoteca ha subido.

Cuando compre una casa y saque una hipoteca, no compre la mejor casa que puede pagar en el momento y saque una hipoteca que no podrá pagar. Significa sacar una hipoteca donde los intereses y los pagos estarán dentro de su capacidad cuando las cosas se pongan mal. Sé que requiere un criterio muy juicioso, pero lo que intento decir es que la mayoría de las personas que compran una casa en Gran Bretaña compran una que es lo máximo que pueden costear con las tasas de interés del momento. Eso significa solo exponerse a meterse en deudas cuando no la puedan pagar.

Quiero dejar muy en claro que es legítimo tomar dinero prestado para comprar algo y devolverlo con los intereses adecuados. Lo que sale mal es cuando uno no lo puede devolver y se atrasa con los pagos. Ahora está endeudado. Según la Biblia, la deuda es un pecado. Somos exhortados a mantenernos fuera de deudas.

He estado preguntando a congregaciones cristianas en Inglaterra: "¿Cuántos de ustedes están endeudados?". El promedio ha sido dos tercios de la congregación. He explicado que una hipoteca no es una deuda. Tampoco tener una cuenta mensual para la gasolina es una deuda. Pero es una deuda si llegó al fin del mes y no puede pagar la gasolina. Dos tercios de los cristianos practicantes de Inglaterra están ahora endeudados. ¿Por qué una deuda es pecado? Porque es robar, y uno de los mandamientos claros de Dios es: "No robarás".

La gente no se da cuenta de que hay dos formas de robar. Si yo le quito la cartera o copio el número de la tarjeta de crédito y saco dinero de su cuenta bancaria, estoy robándole dinero. Y ningún cristiano soñaría en hacer algo así, espero. Pero si debo dinero a alguien y no pago, estoy robándole el dinero que pedí prestado. Le estoy robando dinero que le pertenece el día de la devolución del pago. Le estoy reteniendo dinero que debería tener. Sigue siendo robar. Los cristianos no roban. Efesios dice: "El que robaba, que no robe más, sino que trabaje honradamente con las manos para tener qué compartir con los necesitados". La deuda es un pecado.

Tal vez haya oído de la Convención de Keswick (Keswick Convention). Es conocida por lo general en todo el mundo. Probablemente haya sido la mayor convención cristiana en Inglaterra en su momento. Durante muchos años desde 1875, esta convención se ha realizado en el Distrito de los Lagos, la parte más hermosa de Inglaterra. En medio de los lagos está la ciudad de Keswick. Esta convención es tan famosa que encuentro "Convenciones de Keswick" en todas partes del mundo. Han copiado esa convención y han mantenido el nombre. No están en Keswick, pero se llaman así.

En la primera Convención de Keswick, cuando todos los cristianos se reunieron para escuchar la Palabra de Dios y regocijarse por su salvación, la oficina de correos de Keswick se quedó sin lo que llamamos "vales postales". Es un vale que permite transferir dinero por correo a otra persona. ¿Por qué la oficina de correos de Keswick se quedó sin estos vales? El predicador de la Convención de Keswick había dicho a la gente que pagara sus deudas. La oficina de correos tenía una cola de cristianos que estaban comprando vales postales para enviar y pagar sus deudas. Me gusta esa clase de cristianismo, porque es con los pies en la tierra, es práctico, y fue un testimonio de los trabajadores postales de Keswick de que estaban ocurriendo cosas en la gran carpa de la Convención de Keswick.

Hacer provisión para el futuro no está mal. Cuando la Biblia dice: "… para que no tengan que depender de nadie", creo que se refiere también a hacerse provisión para su vida. Especialmente si está en una ocupación que tiene una jubilación obligatoria a cierta edad. Usted no quiere ser un mendigo ahora, y no quiere ser un mendigo después. Está bien proveer para una pensión razonable pagándolo durante su vida laboral. Pero hay personas que lo están pagando a una tasa extraordinaria de modo que tengan una pensión que las hará ricas, y entonces pueden gastarlo todo en ellas cuando no tengan que ir a trabajar. Hay un equilibrio delicado entre cuánto necesitará y cuánto tendría que separar. Ahorrar dinero de esta forma es algo cristiano. John Wesley solía aconsejar a todos sus conversos: "Obtengan todo lo que puedan, renuncien a todo lo que puedan, y den todo lo que puedan". Encontró que los conversos metodistas que salían de una Gran Bretaña decadente, los primeros metodistas, eran descritos como "copos de nieve creciendo sobre un hediondo montón de basura". Habían gastado una fortuna en el juego y la bebida. Cuando se convirtieron en cristianos, dejaron de hacer ambas cosas, y se encontraron con dinero.

Escuché a un metodista del día de hoy decir que se le preguntó una vez en una reunión al aire libre: "¿Cree que Jesús puede cambiar el agua en vino?". Este hombre, que era un minero de carbón y muy amigo mío, había sido un levantador de apuestas de caballos antes de ser un cristiano. Luego se hizo un minero del carbón. Cuando le preguntaron: "¿Cree que Jesús puede cambiar el agua en vino?", contestó: "Eso no lo sé, pero él ha cambiado la cerveza en muebles en mi casa". ¡Una respuesta perfecta! Es lo que ha pasado con muchas personas que se han convertido.

El mayor problema de Wesley era que, cuando predicaba y tenía tantos conversos, pasaban a ser personas de clase media y tenían más dinero del que habían tenido jamás, porque ya no lo gastaban de maneras pecaminosas. Su problema era que entonces aparecía el problema de la riqueza. Somos mayordomos de nuestro dinero. Toda la plata y el oro del mundo pertenecen a Dios, y nosotros solo somos mayordomos de ellos. El mayor problema de los diezmos es que uno piensa que el noventa por ciento nos pertenece. ¿Debo repetirlo? El mayor problema del diezmo es que hace que pensemos que el resto es nuestro. En realidad, todo es de Dios. Sea que usted lo done directamente a una obra cristiana o a los pobres, o a lo que sea, todo es de él y él será el auditor de nuestras cuentas un día. Tenemos que pensar en eso, en el peligro de diezmar.

El diezmo era un impuesto en el Antiguo Testamento. Muchas personas piensan que los judíos pagaban una décima parte de sus ingresos. No lo hacían. Pagaban el veinticinco por ciento de sus ingresos al Señor porque tenían que pagar dos diezmos. Vuelva a leer el Antiguo Testamento. Tenían que pagar dos diezmos, y tenían alrededor de cinco por ciento más que eso para otras cosas que Dios quería. El judío promedio tenía que pagar veinticinco por ciento de sus ingresos al Señor, además de la séptima parte de su tiempo, y estos eran obligatorios. Pero no estamos bajo el pacto mosaico. No estamos bajo la ley, y siempre desconfíe de una iglesia que le diga cuánto tiene que pagar. Esa es decisión de usted en el nuevo pacto. Es responsabilidad de usted en el nuevo pacto.

Debemos pasar al *dar*, deshacerse de su dinero, y cómo hacerlo. Recuerdo un hombre rico que me decía: "Gano mucho dinero, pero no se me pega a los dedos". Era un comentario interesante, de un buen y querido cristiano. "No se me pega a los dedos". Dios es generoso, tan generoso que tenemos una palabra especial para su generosidad: la palabra "gracia". Debemos ser generosos. No podemos realmente dar nada a Dios mismo, porque él no necesita nada de nosotros.

Piense en el versículo del Salmo 50 que dice: "Si yo tuviera hambre, no te lo diría". ¡Qué texto hermoso! Sigue diciendo: "El ganado de los mil collados es mío, y si quiero carne lo tomaría". Debemos ser generosos. Debe ser una marca del pueblo de Dios que cuanto más aman a Dios y conocen a Dios, más generosos son. Jesús dijo: "Donde esté el tesoro de ustedes, allí estará el corazón de ustedes". Estaba hablando de invertir en el cielo. Ese es el mejor banco en el cual invertir, porque ni la polilla ni el óxido pueden tocarlo, como dijo Jesús.

Me invitaron a hablar en la bolsa de valores en Londres a todos los corredores de bolsa. Insistieron en que enviara el título de mi charla antes, para poder publicitarla. Con ironía dije: "El título de mi charla será 'No puedes llevarlo contigo, y si pudieras, se quemaría'". No les gustó el título para nada, y exigieron otro inmediatamente. Dije: "Está bien, cambiaré el título: 'Cómo invertir su dinero más allá de la tumba'". Todos estaban preocupados por invertir dinero antes de la tumba, y con su jubilación antes de la tumba. Ninguno de ellos estaba pensando en invertir dinero después de la tumba, salvo algunos que eran cristianos. Pero Jesús nos dijo cómo hacerlo. Lucas 16 es el capítulo que debería leer. Habla del dinero de principio al fin. Comienza con la parábola del mayordomo infiel, que ha desconcertado a muchos. Jesús elogia al hombre que salió de una dificultad financiera haciendo trampa al jefe. Es una historia extraordinaria. Estoy seguro que la ha leído, y lo ha dejado perplejo. Parece una historia inmoral. Aquí tenemos un hombre que era un agente de un jefe rico, y obtenía su salario de muchas personas, en realidad en forma de bienes, porque eran agricultores. El hombre rico tenía una propiedad grande, y había arrendatarios. El mayordomo era el agente que recogía las rentas en forma de aceite, granos o lo que fuera para su jefe. Ahora bien, ya estaba amañando las cosas, quedándose con más de lo que le correspondía. El hombre rico se enteró de esto y le dijo: "Te despediré. Cuando llegue el fin de mes, tendrás que irte. Has estado haciendo trampa. Has tomado cosas que me corresponden a mí".

El hombre pensó: "¿Qué haré ahora? No podré conseguir otro trabajo fácilmente. Este jefe no me dará una buena referencia. No mendigaré, porque es humillante". Le vino una idea excelente. Fue a los arrendatarios de su jefe y les dijo: "¿Cuánto le debes a mi jefe?".

Un arrendatario dijo: "Mil barriles de aceite". El mayordomo le dijo: "Bueno, dame el papel del jefe que decía que debías eso". Entonces tomó el papel, y tachó mil y puso quinientos. Dijo: "Es todo lo que debes a mi jefe". Fue de un arrendatario a otro reduciendo lo que debían al jefe. Jesús dijo que ese hombre tenía algo que enseñar a los cristianos. Uno pensaría: "¿Qué cosa?". Estaba usando el tiempo que le quedaba para hacerse de amigos que se encargarían de él más adelante. Estaba haciéndoles favores a todos para que pensaran mejor de él. Estuvieron contentos en reducir lo que debían, así que todos serían sus amigos cuando fuera despedido, y lo ayudarían.

Jesús dice que el hombre era astuto. No estaba elogiando la forma en que lo hizo. Pero estaba diciendo dos cosas acerca del hombre. Primero, estaba pensando más en el futuro que en el presente. Se podría haber marchado con todo lo que había recogido. Pero no lo hizo. Lo usó para hacer un favor. Estaba pensando en el futuro antes que el presente, y estaba más preocupado por las personas que por las cosas. Lo podría haber recogido todo a las apuradas y desaparecido. Pero estaba más preocupado por hacer amigos que por hacer dinero. Estaba más preocupado por proveer para el futuro que para el presente. Hubiera sido una política de muy corto plazo recoger todas las rentas y marcharse. Hubiera sido un desastre. Fue lo suficientemente astuto como para hacer algo útil por lo cual sería acogido por las personas. Si se hubiera ido con todo, inmediatamente nadie le habría prestado tiempo o atención. Habrían dicho: "No toquen a ese hombre". Pero aprovechó muy bien la oportunidad que tuvo. Jesús nos enseñó que eso es astucia, es pensar correctamente. Si los hijos de las tinieblas pueden pensar de esa forma, entonces dejen que los hijos de la luz piensen de esa forma y planeen para el futuro en vez del presente y planifiquen hacer amigos en vez de dinero. Estaba enseñando: usen dinero sucio ustedes para hacer amigos que lo acogerán en el cielo. Eso es aprender la lección de ese hombre.

El mayordomo era un hombre malo, y fue algo malo lo que hizo, pero fue lo suficientemente astuto como para pensar en el futuro y hacer amigos en el futuro. La enseñanza fue: usen su dinero así para hacer amigos que lo acogerán en el cielo, y habrán aprendido la lección que les he enseñado. Es una parábola extraordinaria. Jesús está usando un hombre malo para enseñar a personas buenas algo que deberían hacer.

Siguió hablando del dinero bastante. Dijo que uno no puede servir a Dios y a Mamón. Siguió hasta que los fariseos, que amaban el dinero, se rieron de él. Dijeron: "No sabes de lo que estás hablando". Eran hombres de negocio exitosos y Jesús no, obviamente. Era un hombre pobre que no tenía nada a su nombre. Se burlaron de él y él dijo: "Ustedes se burlan de mí, pero les estoy diciendo la verdad". Terminó diciéndoles: "Ustedes se están divorciando de sus esposas y volviéndose a casar, y eso está en contra de Dios". Son las personas ricas las que alegremente cambian de pareja y pueden pagar una pensión conyugal. Las personas pobres no pueden costear un divorcio, algunas de ellas, aunque lo harían si pudieran. Fue ahí donde apareció la enseñanza de Jesús sobre el divorcio y el nuevo matrimonio.

Luego pasó a contar otra historia de un hombre rico, tan rico que había puertas ornamentales que llevaban a la entrada a su casa. Esa es la palabra que usa. Este hombre rico tenía ropa fina y una buena mesa de comida. No era malo, sino solamente rico y cómodo. A su puerta, justo afuera de la puerta, en la alcantarilla, se sentaba un hombre pobre llamado Lázaro, el único hombre al que Jesús le dio un nombre en una parábola. "Lázaro" significa 'amado por Dios'. Nadie más amaba al pobre hombre. Su cuerpo estaba cubierto de úlceras que los perros salvajes venían a lamer. Los perros en la Biblia siempre son salvajes. Los perros en Oriente Próximo son perros salvajes, no son mascotas.

Los perros venían y lamían las heridas, y a Lázaro le hubiera encantado ir a la casa del rico y ponerse debajo de la mesa y comer las migajas de pan que había ahí, porque los hombres ricos en ese tiempo se limpiaban las manos en un pedazo de pan. Si alguna vez ha hecho pan, sabrá que cuando amasa con las manos éstas quedan perfectamente limpias, porque toda la suciedad ha entrado en la masa. Era lo que solían hacer. Tomaban un pedazo de pan al final de la comida y lo frotaban sobre las manos hasta que quedan perfectamente limpias, y tiraban el pedazo de pan debajo de la mesa. Ese mendigo hubiera dado todo por ponerse debajo de la mesa del rico y comer los pedazos de pan sucio. Es un contraste vívido entre alguien que era rico y alguien que era pobre. En la historia, ambos mueren y el hombre rico se encuentra en un lugar muy incómodo. Puede ver en una visión al mendigo, con ángeles escoltándolo a la presencia de Abraham, y Abraham lo abraza. El rico está en el fuego, con calor y seco, y ruega: "Padre Abraham, envía a Lázaro para que moje su dedo en el agua y me permita chupar el dedo. Tengo tanta sed en este lugar espantoso". Es una imagen vívida. La situación de ambos hombres se había invertido ahora. Abraham dijo al rico: "Lo lamento, no podemos hacer eso. Hay un gran abismo entre tú y acá, y no puede ser cruzado. Está fijo para siempre".

Pensó otra cosa: "Entonces, por favor envía a alguien a mi casa, donde viven mis hermanos aún, que les diga cómo es acá".

Abraham dijo: "Aun si alguien volviera de los muertos para hablarles, no creerían". Y terminó diciendo: "Ellos tienen una Biblia en la casa. Que la lean".

Es una historia asombrosa. El hombre rico no había cometido ningún crimen. No tenía ningún vicio. No era un hombre malo. ¿Qué tenía de malo? Si uno lee la historia, tres cosas. Gastó el dinero en él, no en nadie que lo necesitaba. Se complacía a sí mismo. Era indiferente hacia los demás. Por lo tanto, no daba dinero. Era independiente de Dios. Tenía una Biblia, pero nunca la leía. Eso es todo. No era un gran pecador. Pero eso fue suficiente como para sellar su futuro eterno, un futuro fijo. Nunca había pensado en la vida después de la tumba. Su único pensamiento era cómo estar cómodo aquí.

Hay una lección en esto. Piense en el futuro último. Jesús

está diciendo: "Piense más allá de la tumba. Aprenda, como el mayordomo infiel, a hacer amigos que lo acogerán en el cielo. En otras palabras, gaste su dinero de manera tal que las personas lo recibirán en el cielo y dirán: "Estoy tan agradecido por su dinero, porque me trajo hasta aquí". Es así de sencillo. La historia de los dos hombres, el rico y el pobre.

A Salomón, cuando comenzó a reinar, Dios le ofreció una opción: "Puedo darte riqueza o sabiduría. ¿Cuál quieres?". Salomón, cuando era joven, era muy sabio, y dijo: "Prefiero tener sabiduría". Así que Dios le dijo: "Te daré ambas cosas". Le dio sabiduría al día siguiente, cuando dos mujeres discutían por un bebé. Cada una había tenido un bebé, y durante la noche uno de los bebés había tenido lo que llamamos "muerte súbita infantil". Se ahogó y murió. Cuando se despertaron a la mañana había solo un bebé vivo y un bebé muerto. Se parecían mucho, como ocurre con los bebés, y ambas mujeres decían que el bebé muerto era de la otra mujer. Fueron a Salomón para decidir la cuestión.

¿Puede imaginar una situación peor que dos mujeres discutiendo por un bebé, acudiendo a usted para que decida a quién le pertenece? Salomón mostró al día siguiente que Dios había contestado su oración y le había dado sabiduría. Dijo: "La respuesta es que corten al bebé vivo en dos, y darle mitad a usted y otra mitad a usted". La madre verdadera dijo inmediatamente: "¡Déselo a la otra mujer!". Prefería que el bebé estuviera vivo y que otra persona lo cuidara. Salomón dijo: "Tú eres la madre. El bebé es tuyo". ¡Qué sabio! Si tan solo Salomón hubiera seguido así, pero la riqueza se apoderó de él y construyó edificios magníficos, palacios magníficos. Gastó el dinero como si fuera agua. Sí, construyó el primer gran templo, un lugar magnífico. Pero lo construyó con el dinero de la gente y les impuso impuestos tan pesados que apenas murió hubo una guerra civil y diez de las doce tribus dijeron: "Seremos independientes. No tendremos un rey en Jerusalén que nos imponga impuestos como lo hizo Salomón". Y se fueron por su lado. El pueblo de Dios, de ahí en adelante, estuvo formado por diez tribus al norte y dos en el sur. El reino del rey de Jerusalén se redujo de la noche a la mañana.

Me dijeron en la Escuela Dominical que Salomón fue el hombre más sabio de la Biblia aparte de Jesús. ¿Piensa que fue sabio? Tuvo setecientas suegras. ¿Diría que fue sabio? Tener una es demasiado para algunos esposos. Pero tener setecientas suegras y trescientas amantes, aparte de las setecientas esposas, ¿le parece sabio? Fue una necedad total, y tuvo que pagar por eso. Y la nación pagó por eso, porque una nación con un rey malo será una mala nación. Si tan solo hubiera seguido con su sabiduría.

Durante el resto de su vida tuvo una gran sabiduría para otras personas, pero nunca vivió de acuerdo con ella él mismo. Se casó con una egipcia, una gentil, y construyó para ella un palacio egipcio. Un egiptólogo ha descubierto los edificios de Salomón y los ha identificado.

Si usted quiere saber lo que hizo Salomón con su dinero, él se lo dice. Escribió tres libros de la Biblia. Uno puede darse cuenta qué edad tenía por el libro. Escribió un libro cuando tenía sesenta esposas, cuando estaba al principio de su carrera. La muchacha que conoció y a la que le cantó Cantares, dijo, era la más hermosa de ellas, y mucho mejor que las otras sesenta reinas. Aún era un hombre joven. Estaba lleno de amor por esta muchacha. No hay una sola palabra acerca de Dios en Cantares, ni una sola palabra acerca de la salvación, la oración ni nada espiritual. Es solo un canto de amor por una muchacha. Nosotros encontramos más significado que eso, pero para él era solo una canción de amor.

La Biblia dice que escribió 1005 canciones. Solo tenemos cinco, así que se han perdido mil. Creo que esa fue la forma de Dios de decir: "Tenía una esposa para ti, y tú tuviste mil mujeres, y cantaste una canción de amor para cada una. Compusiste y cantaste una nueva canción para cada una de ellas, y yo he rechazado mil de ellas. Incluiré cinco en mi palabra".

Pero Salomón era un hombre joven entonces, tan lleno de amor por una muchacha que no tenía tiempo para Dios. Eso ocurre con muchas personas, y una muchacha entra en su vida y es la "diosa" por un tiempo.

Cuando escribió el libro de Proverbios, ¿qué edad piensa que tenía Salomón? Porque el libro de Proverbios dice: "Ahora hijo, cuídate de las mujeres, porque te atraparán si no tienes cuidado". ¿Qué edad tiene? Tiene una edad mediana, y está recopilando proverbios sabios, habiendo aprendido de la manera difícil. Una vez estaba en un hogar donde una adolescente en la familia dijo a su madre: "¿Qué hiciste tú a mi edad que te hace estar tan preocupada por mí?". Pensé: "Es una pregunta devastadora para que una hija le haga a su madre". Aquí tenemos a Salomón, de edad mediana, diciendo: "Ahora, hijo, cuídate de las mujeres". No sé cómo se atreve a decirlo.

Luego uno va al libro de Eclesiastés. ¿Qué edad tiene Salomón ahora? Dice: "Recuerda a tu Creador en los días de tu juventud, antes que los ojos se debiliten y las piernas tiemblen y no puedas escuchar el sonido de las aves". Lo podemos ver como un hombre anciano. "Recuerda a tu Creador cuando eres joven". Está hablando como un hombre anciano que ha llegado al final del camino. El libro de Eclesiastés es uno de los libros más deprimentes de la Biblia. Sin embargo, en mi predicación recorriendo toda la Biblia vi más conversiones que tal vez con ningún otro libro, porque enfrenta a las personas con cómo se sentirán cuando hayan llegado al final del camino. Aquí tiene un pasaje:

Me dije entonces: "Vamos, pues, haré la prueba con los placeres y me daré la gran vida". ¡Pero aun esto resultó un absurdo! A la risa la considero una locura; en cuanto a los placeres, ¿para qué sirven? Quise luego hacer la prueba de entregarme al vino —si bien mi mente estaba bajo el control de la sabiduría—, y de aferrarme a la necedad, hasta ver qué de bueno le encuentra el hombre a lo que hace bajo el cielo durante los contados días de su vida. Realicé grandes obras: me construí casas, me planté viñedos, cultivé mis propios huertos y jardines, y en ellos planté toda clase de árboles frutales. También me construí aljibes para irrigar los muchos árboles que allí crecían. Me hice de esclavos y esclavas; y tuve criados, y mucho más ganado vacuno y lanar que todos los que me precedieron en Jerusalén. Amontoné oro y plata, y tesoros que fueron de reyes y provincias. Me hice de cantores y cantoras, y disfruté de los deleites de los hombres: ¡formé mi propio harén! Me engrandecí en gran manera, más que todos los que me precedieron en Jerusalén; además, la sabiduría permanecía conmigo. No les negué a mis ojos ningún deseo, ni privé a mi corazón de placer alguno. Mi corazón disfrutó de todos mis afanes. ¡Solo eso saqué de tanto afanarme! Consideré luego todas mis obras y el trabajo que me había costado realizarlas, y vi que todo era absurdo, un correr tras el viento, y que ningún provecho se saca en esta vida.

Ese es el triste testimonio del hombre más rico de la historia del Antiguo Testamento, y lo que hizo con su dinero. Su resumen al final fue: "No obtuve nada". He usado ese libro. Es un libro asombroso Eclesiastés. Finaliza con ese llamado a los jóvenes: "Recuerda a tu Creador en los días de tu juventud". Es una de las cosas que él no había hecho.

Cuando era joven y estaba enamorado, Dios no tenía parte. Luego pasa a describir la edad anciana, lo que hace con los dientes, cuando los dientes son pocos, los ojos están débiles y las piernas son débiles. Finalmente, dice: "Absurdo, absurdo, todo es absurdo". Por supuesto no sabía de la vida después de la tumba. Ellos no sabían, la mayoría de las personas del Antiguo Testamento. De modo que estaba juzgando la vida aquí. Supongo que es la cosa más triste llegar al final de la vida y sentir que no ha logrado nada que valga la pena.

Eso está en la Biblia para sacudirlo a usted. Si se convierte en sirviente de Mamón, y hace muchas cosas con su dinero, llegará al final de la vida sin haber ganado nada. Uno podría llorar por el pobre Salomón, pero es lo que le ocurrió. Estoy agradecido porque Salomón lo puso por escrito y nos dice cómo se sintió luego de la vida más rica que uno podría imaginarse.

ACERCA DE DAVID PAWSON

David es un orador y autor con una fidelidad intransigente a las Sagradas Escrituras, que trae claridad y un mensaje de urgencia a los cristianos para que descubran los tesoros ocultos en la Palabra de Dios.

Nació en Inglaterra en 1930, y comenzó su carrera con un título en Agricultura de la Universidad de Durham. Cuando Dios intervino y los llamó al ministerio, completó una maestría en Teología en la Universidad de Cambridge y sirvió como capellán en la Real Fuerza Aérea durante tres años. Pasó a pastorear varias iglesias, incluyendo Millmead Centre, en Guildford, que se convirtió en modelo para muchos líderes de iglesia del Reino Unido. En 1979 el Señor lo llevó a un ministerio internacional. Su actual ministerio itinerante está dirigido principalmente a líderes de iglesia. David y su esposa Enid viven actualmente en el condado de Hampshire, Inglaterra.

A lo largo de los años ha escrito una gran cantidad de libros, folletos y notas de lectura diarias. Sus extensas y muy accesibles reseñas de los libros de la Biblia han sido publicadas y grabadas en "*Unlocking the Bible*" (*Abramos la Biblia*). Se han distribuido millones de copias de sus enseñanzas en más de 120 países, proveyendo un sólido fundamento bíblico.

Es considerado como "el predicador occidental más influyente de China" a través de la transmisión de su exitosa serie "*Unlocking the Bible*" a cada provincia de China por Good TV. En el Reino Unido, las enseñanzas de David se transmiten habitualmente por Revelation TV.

Incontables creyentes de todo el mundo se han beneficiado también de su generosa decisión en 2011 de poner a disposición sin cargo su extensa biblioteca audiovisual de enseñanza en www.davidpawson.org. Hemos cargado también hace poco todos los videos de David a un canal dedicado en **www.youtube.com**

VEA EN YOUTUBE
www.youtube.com/user/DavidPawsonMinistry

LA SERIE EXPLICANDO
VERDADES BIBLICAS EXPLICADAS SENCILLAMENTE

Si usted ha sido bendecido al leer, ver o escuchar este libro, hay más disponibles en la serie. Por favor regístrese y descargue más libritos visitando **www.explicandoverdadesbiblicas.com**

Otros libritos en la serie *Explicando* incluirán:
La historia asombrosa de Jesús
La unción y la llenura del Espíritu Santo
La resurrección: *El corazón del cristianismo*
El estudio de la Biblia
El bautismo del Nuevo Testamento
Cómo estudiar un libro de la Biblia: Judas
Los pasos fundamentales para llegar a ser un cristiano
Lo que la Biblia dice sobre el dinero
Lo que la Biblia dice sobre el trabajo
Gracia: *¿Favor inmerecido, fuerza irresistible o perdón incondicional?*
¿Eternamente seguros?
Tres textos que suelen tomarse fuera de contexto: *Explicando la verdad y exponiendo el error*
LaTrinidad
La verdad sobre la Navidad

Tambien nos encontramos en proceso de preparar y subir estos libritos que puedan ser comprados como copia impresa de:

www.amazon.co.uk o **www.thebookdepository.com**

ABRAMOS LA BIBLIA

Una reseña única del Antiguo y el Nuevo Testamento del internacionalmente aclamado orador y autor evangélico David Pawson. *Abramos la Biblia* abre la palabra de Dios de una forma fresca y poderosa. Pasando por alto los pequeños detalles de los estudios versículo por versículo, expone la historia épica de Dios y su pueblo en Israel. La cultura, el trasfondo histórico y las personas son presentados y aplicados al mundo moderno. Ocho volúmenes han sido reunidos en una guía compacta y fácil de usar que cubren el Antiguo y el Nuevo Testamento en una única edición gigante. El Antiguo Testamento: *Las instrucciones del fabricante* (Los cinco libros de la Ley), *Una tierra y un reino* (Josué, Jueces, Rut, 1-2 Samuel, 1-2 Reyes), *Poesías de adoración y sabiduría* (Salmos, Cantares, Proverbios, Eclesiastés), *Declinación y caída de un imperio* (Isaías, Jeremías y otros profetas), *La lucha por sobrevivir* (1-2 Crónicas y los profetas del exilio) – El Nuevo Testamento: *La bisagra de la historia* (Mateo, Marcos, Lucas, Juan y Hechos), *El decimotercer apóstol* (Pablo y sus cartas), *A la gloria por el sufrimiento* (Apocalipsis, Hebreos, las cartas de Santiago, Pedro y Judas).

JESÚS LAS SIETE MARAVILLAS DE SU HISTORIA

Este libro es el resultado de toda una vida de contar "la más grande historia jamás contada" por todo el mundo. David la volvió a narrar a varios cientos de jóvenes en Kansas City, EE.UU., que escucharon con un entusiasmo desinhibido, "twiteando" por Internet acerca de este "simpático caballero inglés" mientras hablaba.

Tomando la parte central del Credo de los Apóstoles como marco, David explica los hechos fundamentales acerca de Jesús en los que está basada la fe cristiana de una forma fresca y estimulante. Tanto los cristianos viejos como nuevos de beneficiarán de este llamado a "volver a los fundamentos", y encontrarán que se vuelven a enamorar de su Señor.

OTRAS ENSEÑANZAS
POR DAVID PAWSON

Para el listado más actualizado de los libros de David ir a: **www.davidpawsonbooks.com**

Para comprar las enseñanzas de David ir a: **www.davidpawson.com**

www.ingramcontent.com/pod-product-compliance
Lightning Source LLC
Chambersburg PA
CBHW071040080526
44587CB00015B/2709